Conserver la couver

# LE BONAPARTISME

ET LES

# PAYSANS

par

TH.-P. GAZEAU-DE VAUTIBAULT

---

PRIX : 1 fr. ; par la Poste, 1 fr. 15

---

PARIS
*Librairie Universelle et Bibliothèque Démocratique*
GODET JEUNE
9. — place des Victoires, — 9.

1874

ET A ANGERS, P.-L. BÉCHET, RUE BODINIER

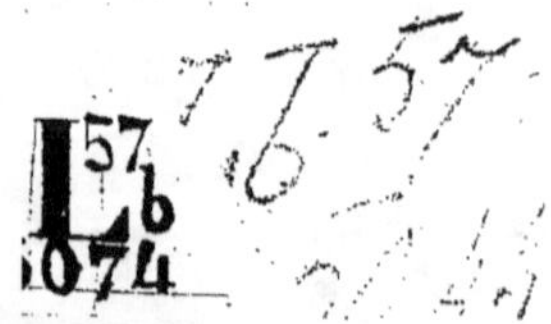

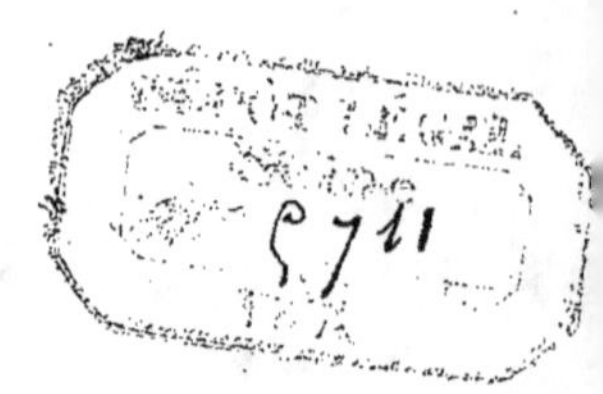

# LE BONAPARTISME

ET

# LES PAYSANS

par

TH.-P. GAZEAU-DE VAUTIBAULT

# LE BONAPARTISME

## ET LES PAYSANS

L'homme, dans sa carrière politique, doit être avant tout guidé par le sentiment de la justice, par la passion de la vérité.

C'est sous l'influence de ces deux mobiles de mes pensées et de mes actes, que j'ai cru devoir faire pendant l'empire une opposition incessante mais non systématique à l'administration, au gouvernement, aux hommes de Napoléon III.

Je n'ai jamais pu, je l'avoue, assister impassible et indifférent aux conséquences désastreuses qui résultaient pour l'industrie, le commerce, et surtout l'agriculture, du régime politique et économique, intérieur et extérieur du second Empire.

Toutes les fois que l'occasion s'en est présentée, j'ai dû, sans tenir compte des menaces, des intimidations gouvernementales, ministérielles et préfectorales, appeler l'attention publique sur les réclamations, les plaintes, les doléances, les souffrances du monde agricole.

Il importe de le dire: pendant tout l'empire, ma voix et celle de mes amis n'ont jamais été écoutées. Il semblait au contraire que le parti-pris du gouvernement contre les intérêts des paysans grandissait en raison directe de nos légitimes revendications.

Cependant les hommes de l'Empire avaient un mérite, si mérite il y a. Ils convenaient péniblement que leur administration était essentiellement défavorable à l'agriculture et aux intérêts du sol.

Ils déclaraient non moins catégoriquement qu'ils changeraient sans répugnance ce funeste système de gouvernement.

Mais, pour cela, il leur aurait fallu donner aux campagnes quelque peu de liberté, renoncer à leur despotisme, à leur arbitraire, à tous les avantages sensibles et appréciables d'une vie administrative facile et lucrative.

Cette détermination, cette tâche était au dessus de leurs forces. Tout entiers aux jouissances d'une existence riche, somptueuse et plantereuse, autant qu'inespérée, ils laissaient la décadence de la France rurale suivre rapidement son cours, — et, semblables aux favoris de Louis XV, ils disaient avec leur maître : « Après nous le déluge ! »

Si je rappelle ces précédents, que l'on croie bien que ce n'est pas pour obéir à de vaines et stériles récriminations. Ces souvenirs sont au contraire d'une vivante et saisissante actualité.

Que vois-je en effet depuis tantôt cinq années, depuis la chute de Napoléon III ?

Ses agents parcourent les villages, fermes, borderies et métairies de la France rurale. Ils répètent partout que le retour de l'Empire serait le point de départ d'une prospérité idéale pour l'agriculture.

Une récente et déplorable élection partielle prouve que leurs discours ont fait certaines dupes dans de rares départements et rencontré des cultivateurs naïfs et crédules.

Il importe donc souverainement de dissiper une fois pour toutes des malentendus aussi grossiers.

Je le proclame hardiment, l'Empire n'a rien, absolument rien fait en faveur des travailleurs des champs.

Tous ses actes n'ont été qu'une longue série d'actes funestes aux intérêts primordiaux du sol et des paysans.

Je l'ai démontré irréfutablement, et avec les propres aveux des bonapartistes eux-mêmes, dans une récente brochure : l'*Empire et les Paysans*.

Cette brochure, le parti républicain m'a recommandé de la compléter, afin qu'elle devienne le *Vade mecum* et le catéchisme de tous les électeurs des campagnes.

J'ai regardé aussitôt comme un devoir de me livrer à ce travail complémentaire.

Mais, avant de le mettre sous les yeux du lecteur, il convient de résumer en peu de mots ce que j'ai écrit dans mon premier opuscule.

## I

Voici trente ou quarante ans qu'à commencé à se produire dans l'Europe entière une grande révolution économique. Depuis lors, le niveau des fortunes s'est élevé et les classes agricoles de l'Europe ont joui d'une misère inférieure à celle des régimes antérieurs. Cette révolution économique a été le résultat de la création des chemins de fer. En effet, les chemins de fer en livrant au commerce des produits agricoles et manufacturés, qui restaient dans le pays ou ne se produisaient pas, faute de débouchés, ont nécessairement amené l'extension des voies départementales et vicinales, et à ce double point de vue, excité la production rurale. Voilà comment les classes rurales et manufacturières de l'Europe ont vu leur situation s'améliorer sensiblement pendant les trente dernières années.

Or, l'Empire eut la bonne fortune de s'établir au moment même où les chemins de fer entraient dans leur période de développement. Il ne pouvait pas évidemment arrêter complètement dans son essor l'élan donné à la création, à l'exploitation des voies ferrées. Mais il fit si bien que les frais de transport devinrent en France d'un prix trois fois plus élevé que dans d'autres pays, et que, proportionnellement à la population et à la superficie terrienne, il y fut percé sept fois moins de chemins de fer qu'en Angleterre, aux Etats-Unis, en Belgique, en Hollande, en Allemagne et en Suisse.

Il résulta delà que le sort des paysans s'améliora bien plus sensiblement même dans les pays les plus despotiques de l'Europe, que dans la France gouvernée par la dynastie napoléonnienne.

Une autre cause contribua avec les chemins de fer à soulager la misère des classes rurales de France. La République de 1848 ayant organisé la représentation libre et élective de l'agriculture, il surgit aussitôt dans la plupart des cantons de France des comices et des sociétés agricoles.

Malgré toutes les persécutions des préfets de l'Empire, beaucoup de ces comices survécurent aux proscriptions. Leurs réunions, les concours organisés par eux suscitèrent des progrès palpables dans les diverses branches du travail agricole, et généralisèrent les perfectionnements dans la culture du blé, des fourrages, de la vigne, des animaux et des plantes sarclées qui étaient restés isolés, cantonnés sur quelques points privilégiés de la France rurale.

En vertu de ces deux causes principales, les chemins de fer et le patriotisme rural des comices, la culture continua donc de réaliser des bénéfices sensibles, des améliorations dont l'origine, le point de départ remontait, je le répète, au milieu du règne de Louis-Philippe et à la République de 1848. La valeur vénale et la valeur locative de la terre continuèrent leur marche ascensionnelle. Mais bientôt le régime impérial, ses guerres désastreuses, ses concussions, son despotisme préfectoral et municipal, ses augmentations d'impôts, ses emprunts, son fonctionnarisme qui nous revenait en France à 30 fr. par habitant, lorsqu'il ne coûtait en Suisse que 6 fr. 06 c., son luxe effréné, son boursicotiérisme, ne tardèrent pas à produire les effets les plus désastreux.

De 1861 à 1868, de l'aveu même des documents officiels, l'agriculture fut en perte de plus de *cinq milliards.*

Les souffrances de l'agriculture devinrent si intenses que la France rurale toute entière se dressa contre l'Empire. L'empereur, pour calmer cette effervescence, ordonna une enquête agricole en 1866. Les rapports des 32 présidents nommés par le gouvernement confirmèrent les plaintes, les doléances, les indignations des cultivateurs.

Ils avouèrent, ces présidents, qu'après avoir doublé *depuis trente ans* les loyers et la valeur vénale de la terre commençaient à subir une dépréciation considérable; que l'augmentation de la population totale de la France se ralentissait d'une manière effrayante; que des millions d'agriculteurs émigraient des campagnes vers les villes; que les capitaux agricoles désertaient les champs qui ne pouvaient les rémunérer pour s'engloutir à la Bourse; qu'au contraire des autres puissances, la France faisait supporter aux classes agricoles près de 80 pour 100 des charges publiques ; que l'Empire consacrait moins des ressources du budget que les régimes précédents aux travaux publics productifs ; qu'il délaissait complètement les travaux d'irrigation, de dessèchement, de canalisation, de reboisement, de défrichement, de drainage, qu'une grande partie des fonds versés par les communes pour le développement de leur vicinalité rurale, étaient détournés de leur destination ; que nos budgets grossissants ne servaient qu'à gorger le fonctionnarisme et à être dévorés dans des travaux de luxe et improductifs, etc.

Malgré tous ces aveux des présidents eux-mêmes de l'enquête agricole, l'Empire enterra cette enquête et ne prit aucune mesure pour mettre fin aux souffrances de l'agriculture. C'est pourquoi le sol ne discontinua pas de perdre de sa valeur locative et vénale, les habitants des campagnes et leurs capitaux d'émigrer vers des professions et des placements plus rémunérateurs. En un mot, les souffrances de l'agriculture devinrent de plus en plus vives, de plus en plus menaçantes, jusqu'à la chute de Napoléon III.

Voilà, en résumé, les vérités que j'ai publiées dans mon premier opuscule. Elles sont si irréfutables que malgré le soin que j'ai pris de le distribuer dans les bureaux de tous les journaux bonapartistes, aucun de ces journaux n'a osé les contredire ni les combattre pas même le *Pays*, pas même l'*Ordre*.

Elles sont si irréfutables qu'un ancien fonctionnaire bonapartiste, le préfet du département où elles ont été imprimées et éditées, a jugé à propos de leur interdire la vente sur la voie publique (voir aux pièces justificatives la décision du préfet de Maine-et-Loire.

## II

Ceci dit, je vais m'étendre davantage sur la situation blessante et misérable que l'Empire fit à l'agriculture, aux paysans.

Mais, comme des conservateurs inconscients pourraient prétendre que quelques-unes de mes idées sont empreintes d'un esprit révolutionnaire-socialiste, je me hâte de déclarer que j'en ai empruntés une grande partie à des conservateurs comme MM. de Lavergne, marquis d'Andelarre, Raudot, Calemard de Lafayette, comte Foucher de Careil, et spécialement à un vice-président de la société des agriculteurs de France, M. d'Esterno, qui a résumé les opinions de ses amis dans deux beaux volumes : *Les Privilégiés de l'ancien régime et les Privilégiés du nouveau.*

« L'étude et la pratique des choses rurales donnent un bon sens exquis, » a dit un écrivain distingué.

Malgré la justesse de cette parole éminemment politique, l'Empire écartait systématiquement des administrations et de tous les corps délibérants, du Sénat, du Corps législatif, du Conseil d'Etat, où se débattaient les destinées intérieures et extérieures de la France, il en écartait avec mépris et insolence ceux dont la profession était la plus utile et alimentait par excellence tous les services de l'Etat,—il en écartait les agriculteurs pour les obstruer de gens à l'esprit, à l'éducation essentiellement vaine, bureaucratique, étroite, parasite et anti-rurale, de fils de famille intrigants, piliers d'antichambres et ignorants aussi bien qu'ennemis des notions les plus élémentaires et les plus saines de l'économie sociale et politique.

Il fallait aller en Angleterre pour voir les princes entrer dans les sociétés d'agriculture, ou s'intéresser aux besoins du sol.

En France, les princes Bonaparte, Jérôme, Murat ou Pierre, eûssent regardé cela comme un déshonneur ; ils n'aimaient que le désœuvrement des cours ou les parades militaires, et préféraient se disputer la présidence de la franc-maçonnerie, des sociétés de religion ou de finances, de chasse, de jeu, de sport, d'administration, de pseudo-philanthropie, etc.

Les conseils généraux, ceux d'arrondissement, étaient composés comme les corps délibérants de Paris. On n'y voyait que des parasites. Les agriculteurs, les travailleurs des campagnes en étaient absents. Je prends le premier département par ordre alphabétique ; c'est celui de l'Ain. Eh bien, je vois qu'en 1862-63, il renfermait sur 34 conseillers généraux, plus de 20 fonctionnaires et autres privilégiés et quelques rentiers ; Agriculteurs, zéro.

Dans les cérémonies publiques, on voyait, on admirait les corps politiques, l'armée, on s'extasiait devant la Magistrature, l'Institut, l'Université, la Bourse, le Commerce, la Médecine, les Travaux publics. L'Agriculture aurait dû y occuper la première place puisqu'elle est l'intérêt national à sa plus haute puissance. Elle n'y occupait même pas la dernière.

Il y a plus, lorsque le ministre de l'Agriculture se faisait souhaiter sa bonne année, il recevait d'abord le Conservatoire des Arts-et-Métiers, puis l'école Centrale des Arts et Manufactures, puis la chambre de Commerce de Paris, puis les Agents de change, puis les Prud'hommes, puis MM. les Courtiers. En dernier lieu, il daignait éconduire les membres de la société d'Agriculture.

Les statues ! que de monuments, que de statues ont été élevés sous l'Empire en l'honneur de généraux, d'hommes politiques, de savants, de fonctionnaires, d'artistes, d'avocats ! Lamartine a eu beau dire : « Ce qui sort de la terre, ce n'est pas seulement du blé, c'est la civilisation toute entière. » Sous l'Empire, on n'a pas élevé deux statues à deux agriculteurs.

Quant aux décorations, elles pleuvaient dru sur tout ce qui n'appartenait pas à l'Agriculture. J'ai observé que les deux hommes les plus décorés de France étaient précisément un médecin de maladies innommables, le docteur Ricord, et un écrivain de la presse non moins innommable, M. Paulin Limayrac. Je ne disconviens pas que le ministère de l'agriculture décernait quelques décorations, mais j'ouvre l'*Officiel* et je vois que ces décorés étaient non pas des agriculteurs, mais des fonctionnaires des forêts, des haras, de l'agriculture, des professeurs d'histoire naturelle, d'art vétérinaire, des arts et manufactures, des chargés de missions agricoles ! en Grèce et en Orient, des médecins ruraux découvreurs de planète nouvelle et nés de familles de simples laboureurs, de vieux maires ruraux à poigne, etc.

Et les journaux ! l'Empire fit publier un grand nombre de journaux, tous plus ou moins officieux. Et cependant, bien que l'empereur eut reconnu « que de la prospérité ou du déclin de l'agriculture date la grandeur ou la décadence des Empires » bien qu'il soit incontesté que « si la guerre est la dernière raison des peuples, l'agriculture doit en être la première », cependant, sur 427 journaux qu'il y avait à Paris, on en comptait huit méchants pauvretiots au format exigu, qui étaient à peine hebdomadaires, mais dont aucun n'était quotidien, ni politique.

Lorsqu'à l'occasion des concours régionaux, il y avait des banquets agricoles, tous les fonctionnaires occupaient les places d'honneur ; quant au jury, on le reléguait, quelque peu agricole qu'il fût, dans les bas côtés, aux tables séparées de la place d'honneur. Il n'y manquait que cette inscription :

Dieu mit pour les humains deux tables en ce monde :
On voit l'intendant, l'employé, les marchands
A la première, et les manants
Mangent leurs restes à la seconde.

Et, puisque le mot *concours régionaux* est sous ma plume, je ferai remarquer que le gouvernement faisait distribuer à ces concours des primes et subventions qui variaient humblement de 2 à 3 centimes par tête d'agriculteur et pour une période de plusieurs années. Les jurys de ces concours appartenaient à la plus fine fleur du bonapartisme. La plupart des jurés étaient complètement ignorants de l'art agricole et ils étaient appelés à statuer dans des conditions de concours qui étaient plus funestes qu'utiles au monde agricole. Ils commettaient tant d'abus, tant de fraudes, qu'il en résultait une méfiance invétérée contre eux, des réclamations perpétuelles contre leurs décisions. Ils avaient l'audace de se décerner entre eux la meilleure partie des récompenses. J'ai vu des Jurys s'attribuer 12 prix dans un concours, 15 dans un autre. Aussi les agriculteurs les plus qualifiés s'éloignaient-ils des concours régionaux qui, hors cela du reste, étaient sans but et sans utilité, et organisés d'une manière essentiellement opposée aux vraies notions de l'économie rurale.

J'ai vu des paysans qui ne craignaient pas d'écrire à la presse : « A l'avenir, nous exposerons quand nous serons membres du Jury. »

Tandis que l'Empire était généreux au point de donner par agriculteur une portion de centimes comme prime dans les concours régionaux, il accordait annuellement 2,000 fr. par tête, par matelot aux pêcheurs de baleine. Il accordait 1,700,000 fr. de subvention annuelle aux théâtres de Paris, en même temps qu'il en concédait 1,400,000 pour les édifices communaux de toute la France. Alors qu'il donnait 28 millions en 8 ans pour la continuation des chemins vicinaux soit 3 millions par an pour les 89 départements, soit 40,000 fr. par an et par département, la construction d'un seul édifice public dans les villes absorbait et au-delà ces munificences.

Les milliers de professeurs qui professaient à coup sûr des choses moins intéressantes que l'agriculture, recevaient de l'Etat des dix et des vingt mille francs, tandis que de rares professeurs d'agriculture se voyaient marchander des 2,500 francs de traitement.

Si par hasard et contre le défaut d'encouragement de l'Etat, un inventeur faisait progresser sur quelques points la science agricole, on le laissait régulièrement mourir dans l'oubli et la pauvreté !

## III

La principale plaie de l'agriculture sous l'Empire, était sans contredit le fonctionnarisme.

C'est à lui qu'un sénateur, Michel Chevallier, s'adressait lorsqu'il s'écriait en 1863 au Sénat : « Les citoyens sont comme des momies égyptiennes, enveloppés de bandelettes et ne pouvant se mouvoir sans la permission de l'autorité. »

C'est de lui que parlait le fameux de Morny, le frère naturel de Napoléon III, lorsqu'il disait : « En France, on ne peut pas remuer une pierre, creuser un puits, exploiter une mine, élever une usine, s'associer et pour ainsi dire user et abuser de son bien, sans la permission ou le contrôle du pouvoir central. »

Le fonctionnarisme napoléonnien, en effet, avait l'unique préoccupation de concentrer entre ses mains tout le mouvement, toute la vie de la nation, il considérait comme coupable toute action qui ne venait pas de son ministère et n'avait pas reçu son visa.

Les bureaucrates tenaient à faire sentir leur autorité et principalement à ceux sur lesquels habituellement ils n'en avaient aucun.

Ils mettaient de l'âpreté à multiplier des formalités inutiles pour les producteurs, utiles pour eux à cause de ce qu'elles leur rapportaient.

C'est qu'ils savaient que leurs extorsions étaient couvertes par les immunités spéciales dont on les gratifiait.

Il arrivait de là : que les entreprises étaient paralysées, les esprits actifs découragés par les lenteurs et les complications des formes bureaucratiques ; qu'un esprit de despotisme et de tyrannie se créait et se propageait parmi les employés inutiles qui, ne pouvant faire le bien, s'occupaient à faire le mal, pour pouvoir se rendre à eux-mêmes la justice qu'ils faisaient quelque chose ; que, la liberté personnelle et industrielle cessant d'être un droit du moment qu'il dépendait du gouvernement d'en régler les limites et l'exercice, les industries rivales faisaient de la réglementation une arme de guerre; que les mesures gouvernementales devenaient conséquemment une affaire de boutique et une manière de frapper au profit du plus favorisé, des exactions tyranniques qui se pratiquaient au moyen d'inégalités factices établies entre les citoyens ou bien entre les industries.

Ainsi, l'industrie métallurgique, des forges, fourneaux et usines, était asservie à la tutelle de l'administration qui l'enlaçait dans ses formalités ; — l'usage, l'emploi des warrants et des ventes publiques étaient rendus presque impossibles par les formalités ; — la production des tabacs était entravée par les abus les plus révoltants ; — cent millions étant affectés à des emprunts distinés au drainage, on les offrait à l'agriculture dans des conditions tellement inacceptables, qu'au bout de quatre ans, ces millions ne trouvaient placement que jusqu'à concurrence de 500,000 francs ; — le ministère de la justice se réservait la solution des questions du crédit agricole, les Ponts-et-Chaussées celles des irrigations, les Finances celles des forêts ; — les préfets et les maires concentraient entre leurs mains toute l'administration des campagnes ; — l'homme qui montrait quelque indépendance était persécuté et traqué par les moyens les plus odieux et les plus infâmes ; les bureaucrates à poigne qui ne reculaient pas devant les concussions, ne savaient pas reculer non plus devant les perfidies et les guet-apens ; les citoyens, leurs intérêts de famille et de profession étaient à la merci des maires, des bureaucrates des justices de paix, des perceptions, de l'assistance publique, de la vicinalité, du conseil des répartiteurs, des gardes-champêtres, des cantonniers et des marguilliers ; il n'était pas permis au citoyen de participer en quoi ce soit aux affaires de la commune, à la gestion des intérêts communaux ; à plus forte raison, la coopération rurale, les associations rurales étaient-elles presque inconnues sur presque toute la surface du pays ; l'initiative et l'esprit de solidarité des citoyens des campagnes ne pouvaient s'exercer librement et hors de l'ingérence officielle en matière de crédit rural, de cercles ruraux, de bibliothèques communales, de sociétés de lecture, de représentation de l'agriculture et de comices, de sociétés d'amélioration foncière (viabilité rurale, curage des cours d'eau, syndicats de desséchements, arroseurs et irrigation, drainage, canaux, défrichement, morcellement), d'institutions vinicoles, de sociétés de production, de transformation des produits (fromageries, entreprises de battage, de moissonnage, etc.), de reboisements, contre les inondations, d'assurances agricoles, d'hospices, d'orphelinats et pénitenciers agricoles, de métayage et toutes sortes d'industries rurales, d'enseignement agricole (supérieur, secondaire, primaire, classique et professionnel), d'assistance mutuelle dans les campagnes, de salinières, de sociétés orphéoniques, contre les incendies, de sociétés hippiques, de fêtes rurales, de foires, marchés, commerce agricole, concours d'animaux, de communaux, de magasins généraux, d'invalides agricoles, de caisses de retraite, etc., etc.

## IV

Pendant tout l'Empire, l'agriculture fut la proie d'une foule de privilèges, d'une multitude de monopoles, la victime de privilégiés de tous genres qui faisaient sortir l'argent des campagnes pour le faire passer entre les mains du boursicotiérisme, du mercantilisme, du fonctionnarisme et de l'industrialisme.

Il semblait que sous le règne de Napoléon III, les affaires étaient créées pour le besoin des hommes d'affaires.

Spécialement, on vit les juges juger, les avocats plaider, les avoués occuper, les huissiers assigner, les greffiers verbaliser, les notaires dresser des actes, les hommes de loi légiférer et réglementer aux dépens des producteurs, comme oncques on n'avait vu sous les plus beaux jours de l'ancien régime.

L'Empire avait toutes sortes de dîmes, la dîme judiciaire, la dîme douanière, la dîme financière, qui toutes bien entendu étaient payées par l'agriculture. La douane, la justice, les râfles colossales des manieurs d'argent ou leurs profits exagérés, coûtèrent assurément plus aux campagnards que la dîme ne coûtait à leurs pères.

Dans l'intérêt du mercantilisme et de l'industrialisme on multipliait les restrictions, les prohibitions, les autorisations obligatoires, et tout cet appareil de réglementation « qui n'avait qu'un but, créer dans l'Etat deux classes, celle des exploitants, et celle des exploités, de sorte qu'indirectement les privilégiés jouaient le rôle des pachas d'Egypte vis-à-vis des fellahs, en les forçant à vendre leurs produits au-dessous du cours et à un taux qu'ils fixaient eux-mêmes. »

Les cours d'eau de France qui devraient, par leur abondance et un système intelligent d'irrigation, sillonner tout notre territoire et être un des principaux éléments de sa richesse au lieu de le dévaster par leurs inondations, étaient livrés ou réservés à l'industrie.

Le commerce des liquides était organisé de manière que le principal bénéfice appartenait non aux producteurs, mais aux intermédiaires parasites et frelateurs.

Les canaux et les chemins de fer étaient calculés en vue des intérêts seuls du commerce et de l'industrie.

Le pays entier était hérissé de courtiers et de commissaires-priseurs, tous dûment patentés, privilégiés et jouissant d'un monopole à l'aide duquel ils rançonnaient impitoyablement la production.

Les institutions de crédit tendaient exclusivement à enlever le numéraire des campagnes ; on voulait des banques qui amenâssent à Paris les capitaux des campagnes, mais on ne voulait pas de banques qui attireraient dans les campagnes les capitaux de Paris et des chefs-lieux.

L'Empire, comme l'ancien régime, avait ses corvées, ses garennes, ses colombiers et ses capitaineries ; il avait même une classe de fonctionnaires particulièrement chargés de veiller à la destruction, c'est-à-dire à la multiplication des loups, et qui pour ce motif étaient appelés louvetiers.

Bref, la législation, la jurisprudence, les mesures gouvernementales étaient d'accord pour favoriser l'industrialisme, le mercantilisme et le fonctionnarisme au détriment du cultivateur.

En un mot, sous l'Empire, les privilégiés de l'ancien régime étaient remplacés par des privilégiés d'une autre forme qui n'avaient rien oublié de l'ancien régime et en avaient beaucoup appris, rien oublié des rubriques à l'aide desquelles les anciens privilégiés rançonnaient l'agriculture, appris plus ou moins dans l'art difficile d'empêcher la poule de crier pendant qu'on la plume.

## V

Tous ces privilégiés savaient parfaitement que l'état corporatif, qu'une représentation active et puissante donne seule de la force aux individus contre les autres producteurs. Aussi, les avocats avaient-ils leur ordre, les commerçants, les avoués, les notaires leur chambre, les agents de change leur syndicat, les banquiers la banque de France ; l'université, le clergé, l'armée avaient leur chef ; une foule de corporations, telles que l'Institut, l'Ecole polythecnique, Saint-Cyr, le jardin des Plantes, etc., avaient leurs forces groupées et savamment organisées pour défendre leurs intérêts.

Seuls, les intérêts agricoles étaient maintenus dans un isolement sévère et exclusif.

Ils étaient les seuls à être privés d'enseignement supérieur, de conseil général et central.

Les chambres d'agriculture étaient, à la nomination du préfet, présidées par lui ou le sous-préfet. Les agriculteurs faisaient à ce propos une remarque curieuse, c'est que l'on connaissait beaucoup de préfets ou sous-préfets qui avaient été avocats, industriels, avoués, officiers, etc., mais on n'en avait jamais vu qui eussent été agriculteurs.

Et, cependant, tandis qu'ils avaient le soin de ne jamais s'ingérer dans les réunions des autres professions, tel était l'asservissement dans lequel ils étranglaient l'agriculture, que ses chambres consultatives leur étaient entièrement assujetties. Ils leur interdisaient toute discussion qu'ils n'avaient pas eux-mêmes soulevée, et cela malgré les articles 14 de la loi du 25 février 1851 et 6 de la loi du 25 mai 1852. Ils y voyaient partout des questions politiques et interdisaient même les discussions de concours. Ils y tranchaient toutes les questions de sociétés, de comices, présidaient et influençaient les jurys dans un intérêt électoral, politique, de favoritisme ou personnel. Quand ils ne remplaçaient pas les questions agricoles par des questions politiques, ils y substituaient des questions humanitaires, poussaient aux toasts, aux démonstrations, aux primes, aux serviteurs, vieillards et servantes, et faisaient tourner l'agriculture non à la science et au progrès, mais toujours à la politique et à l'intrigue, parfois à la sensibilité et à une fausse bienfaisance. Ils s'arrangeaient enfin de manière à ce que leur personne devînt le centre et le pivot des réunions qui s'étaient formées dans un but d'agriculture.

Les chambres consultatives d'agriculture avaient été créées pour « présenter au gouvernement leurs vues sur toutes les questions qui intéressent l'agriculture. » Mais on les convoquait pour toute autre chose, on ne les consultait en rien, on leur allouait un budget dérisoire de 25 francs qui était décerné au secrétaire de la sous-préfecture pour ses procès-verbaux, on supprimait toute publicité de ces procès-verbaux, et on en refusait la communication aux membres eux-mêmes. De sorte que, dans beaucoup d'arrondissements, les membres avaient fini par prendre le parti de ne plus se réunir dans ces chambres consultatives.

On comptait en France, sous l'Empire, 774 sociétés d'agriculture ou comices agricoles. Nous avons dit dans notre brochure *l'Empire et les Paysans*, que c'était aux efforts de ces sociétés et comices seuls, qu'il fallait attribuer les progrès sensibles qui eurent lieu dans les diverses cultures et branches de l'industrie agricole.

Eh bien ! quels étaient les encouragements qu'ils recevaient de l'Etat ?

Le gouvernement leur décernait par an 350,000 fr., ce qui faisait un centime et demi par agriculteur. Encore, fallait-il en défalquer la portion attribuée dans les sociétés mixtes aux arts, à la géologie, aux belles-lettres, à la médecine, aux sciences, à l'archéologie, etc.

Et Dieu sait à quel prix l'administration faisait payer à l'agriculture cette partie de centime de secours. Toute indépendance en effet était enlevée aux sociétés et comices. Ils étaient arbitrairement dirigés par le président qui l'était arbitrairement par l'administration, laquelle rédigeait le réglement, nommait le bureau et se plaçait à la tête.

Quand, devant ces sociétés et comices, il se prononçait des discours, les gendarmes y jouaient le rôle de la claque avec leurs battoirs ; les curés y prononçaient des sermons ; les maires de chefs-lieux de canton et les sous-préfets y faisaient des cours d'histoire, y racontaient leur vie privée ou leurs impressions de voyage, y débitaient des discours politiques, philanthropiques et moraux, y parlaient de contrainte par corps, de l'Opéra, de l'emprisonnement cellulaire, de la perfectibilité indéfinie de l'espèce humaine, des guerres des Gaules, des guerres contre les Anglais, de Montaigne, de l'origine de la langue française, etc. ; les greffiers, les juges de paix, tous les fonctionnaires en profitaient pour donner des éloges interminables aux ministres, aux directeurs-généraux, aux chefs de division et du personnel, aux secrétaires des ministères.

Voilà ce qui se passait, ce que j'ai vu mille fois dans les concours des sociétés d'agriculture et des comices.

J'avouerai que je n'ai jamais rien vu de semblable, — et je le déplore, — dans les réunions de banquiers, d'hommes de loi, de médecins et de commerçants.

Dans les Etats voisins de la France et particulièrement en Allemagne, en Prusse, l'agriculture était partout organisée en comices groupés autour de sociétés départementales, qui avaient dans la capitale un *comité* directeur élu par elles. Mais sous l'Empire, les sociétés d'agriculture, outre qu'elles n'avaient aucune liberté, étaient privées de communication entr'elles et d'un centre commun auquel elles pussent aboutir. Elles étaient isolées et partant impuissantes, lors même qu'elles eussent pu s'arracher à l'assujettissement préfectoral. L'administration était là qui veillait avec un soin jaloux et despotique à ce que l'agriculture ne pût défendre ses droits contre tous les privilégiés du bonapartisme qui s'acharnaient sur cette proie, et contre les intrigues électorales des *roués et des protégés* des Tuileries.

Il arrivait quelquefois que le gouvernement nommait des commissions temporaires chargées d'un travail transitoire ou d'une étude spéciale ayant droit à l'agriculture. On les composait non pas d'agriculteurs qui seuls pouvaient avoir les connaissances spéciales voulues, mais de pourvoyeurs de parquets, d'avoués, de notaires ou d'anciens notaires, d'avocats, de juges, de généraux, de gendarmes. Voilà comment agissait l'empire quand il voulait faire étudier la question de falsification des engrais, nommer une commission d'enquête sur les souffrances de l'agriculture, continuer les travaux d'étude sur la confection du Code rural, etc., etc.

Aussi, toutes les fois qu'il lui prenait fantaisie de toucher à quelque intérêt agricole, il le faisait avec l'art que l'on peut supposer chez un roulier ou un maquignon ambitionnant d'exposer au Salon.

## VI

Je ne saurais disconvenir cependant que pour atténuer tout ce qu'ils faisaient contre l'agriculture et les paysans, Napoléon III et ses bureaucrates ne cessèrent de briser une foule d'encensoirs sur le nez des campagnards qu'ils dupaient.

Leur phraséologie en faveur de l'agriculture était vraiment interminable.

C'était à peu près comme du temps de Louis XV et de la Dubarry.

A mesure que la Cour et les antichambres absorbaient les hauts ou bas remplisseurs de dignités, que la campagne tombait davantage dans le mépris, la mode s'introduisait d'afficher pour elle le plus vif penchant. On en adoptait les insignes, on décorait les panneaux de petits sujets mi-pastoraux, mi-érotiques, de brebis et de houlettes; on y peignait du beau sexe impérialiste qui gardait ses moutons en immenses crinolines et en talons rouges.

Mais, pour aller à la campagne, on n'y allait jamais.

On rêvait, discourait des bergeries au fond desquelles se trouvait un berger. Une chaumière et son cœur! c'était là le rêve des boudoirs qu'éclairait le boulevard Haussmann. C'était une des formes que prenait la sensibilité des héros de l'Agio et de l'Haussmanisation.

Quand il s'adressait à la nation, Napoléon III aimait à répéter des phrases à la Sully, dans le genre de celle-ci : « Pâturage et labourage sont les deux mamelles de l'Etat. » Seulement, comme c'étaient des mamelles, les bonapartistes jugeaient à propos de les traire jusquà complet épuisement.

Il disait à l'instar de son oncle : « L'agriculture est l'âme, la base première de l'Empire ». Et l'agriculture n'était pas plus l'âme de l'empereur, la base de l'empereur que de l'avocat Rouher, du policier Piétri ou du général Rrran...

Il disait : « Le nouveau régime ne peut périr que par l'excès de l'individualisme, c'est-à-dire par l'isolement de l'individu. » Et tous ses actes avaient pour effet l'isolement de l'individu.

Il disait : « Mes amis les plus sûrs sont ceux qui vivent sous le chaume. » Et ceux qui vivaient sous le chaume n'étaient pour lui et ses préfets que de la matière électorale.

Il disait : « On a beaucoup fait pour les villes, il est temps de s'occuper des campagnes. » Et il répéta cette phrase en fumant sa cigarette jusqu'à la veille de Sedan.

Il disait : « Avant de développer notre commerce étranger par l'échange des produits, il faut améliorer notre agriculture et affranchir notre industrie de toutes les entraves intérieures qui la placent dans des conditions d'infériorité. » Et il continua de rendre plus préjudiciables et d'accroître toutes les entraves intérieures qui permettaient aux produits étrangers de venir sur nos marchés faire concurrence aux produits français dans des conditions de prix de revient désastreuses ; et il ne cessa de persécuter les associations agricoles qui favorisaient l'initiative rurale, propageaient, étendaient, généralisaient les méthodes perfectionnées de culture.

Il disait : « Suscitons l'initiative individuelle et l'esprit d'association. » Et ses sbires pourchassaient par les mensonges et les faux les citoyens qui essayaient de susciter le progrès dans les communes rurales.

Il disait : « L'amélioration des campagnes vaut mieux que la transformation des villes. » Et l'haussmanisation des villes alla croissant jusqu'au 2 septembre 1870, et le drainage des campagnes ne cessa qu'avec la trahison de Sedan.

Il disait : « De la prospérité ou de la décadence de l'agriculture date la grandeur ou le déclin des empires. » Et l'agriculture década de plus en plus ; elle perdit de plus en plus de l'amélioration qui avait suivi la proclamation de l'Empire en vertu de la force, de la vitesse acquise sous les régimes précédents et par conséquence de l'avènement des chemins de fer.

Un de ses ministres disait : « L'agriculture serait peu de chose si elle était réduite à n'être qu'officielle. » Et l'empire fit tout, tout, pour qu'elle ne fût pas autre chose qu'officielle, qu'une émanation du « socialisme officiel ».

## VII

Comme on le voit, les hommes de l'empire, en avouant ce qu'ils devaient faire et ce qu'ils ne firent pas en faveur de l'agriculture, déclarèrent par cela même qu'ils méconnaissaient complétement les devoirs qui leur étaient imposés. Les aveux du reste ne leur coûtaient guère, Ils faisaient même étalage de leur éloquence en dressant les tableaux les plus sombres du sort des paysans. Ecoutons un sénateur, M. Michel Chevallier : « Sous le rapport de la commodité et de la salubrité des habitations et de tous les autres éléments les plus essentiels aux conditions de l'existence humaine, notre paysan est de beaucoup surpassé par les villageois de plusieurs contrées de l'Europe et surtout de l'Angleterre. La maison qu'il habite, au lieu de ressembler aux *cottages* anglais, peut être appelée comme au temps de La Bruyère une *tanière*. Ce sont des constructions où manque ce qui est indispensable même à l'hygiène : un rez de chaussée humide, pavé à peine, où l'on est pêle-mêle avec les animaux domestiques : à la porte, un tas de fumier qui empeste ; une nourriture grossière où la viande apparaît comme un phénomène : presque toujours de l'eau claire et quelquefois un cidre dépourvu de toute vertu ; presque jamais du vin, même à la porte des marchés où le vin est au plus vil prix. L'instruction est au niveau du régime alimentaire et de l'habitation. *Une population qui vit dans des conditions semblables est en dehors de la vie civilisée.* »

Voilà le paysan de l'empire, le paysan peint par un bonapartiste, par un sénateur, par M, Michel Chevallier.

Voilà le paysan sous l'Empire. M. Michel Chevallier osait même comparer le paysan de l'Empire au paysan de l'ancien régime. Il osait même citer La Bruyère. Or, que disait La Bruyère ? :« On voit certains animaux farouches, des mâles et des femelles, répandus dans les campagnes, noirs, livides et tout brûlés par le soleil, attachés à la terre qu'ils fouillent. Ils ont comme une voix articulée et, quand ils se lèvent sur leurs pieds, ils montrent une face humaine, et en effet ce sont des hommes. Ils se retirent la nuit dans des *tanières* où ils vivent de pain noir, d'eau et de racines. Ils épargnent aux autres hommes la peine de semer, de labourer, de recueillir, pour vivre et mériter ainsi de ne pas manquer de ce pain qu'ils ont semé. »

Tandis que M. Michel Chevallier comparait le paysan de l'Empire à celui de La Bruyère, d'autres bonapartistes, non moins méprisants, mettaient en parallèle celui de Diderot. Or, que disait Diderot ? : « A peine le jour commence-t-il à poindre qu'ils ont la bêche à la main, qu'ils coupent la terre et roulent la brouette. Ils mangent un morceau de pain noir, se désaltèrent au ruisseau qui coule. Sur le soir, ils vont retrouver des enfants tout nus autour d'un âtre enfumé, une paysanne hideuse et malpropre et un lit de feuilles sèches. »

Le ministère de l'agriculture honorait d'une haute distinction honorifique un ouvrage de l'abbé Tournissoux où je lis : « Les campagnes renferment un grand nombre de petits propriétaires qui récoltent à peine de quoi subvenir aux besoins annuels de leur famille. Ils sont laborieux au point de ne pas perdre un moment. Quand ils vont à une foire, ils portent un peu de pain noir sous leur habit pour n'être pas obligés d'entrer au cabaret. »

Au sénat, le comte de Casabianca donnait le nombre de ces petits propriétaires et il s'écriait : « Sur sept millions de propriétaires agricoles, trois millions sont inscrits parmi les indigents. »

Un député s'écriait au Corps législatif : « Sur sept millions de propriétaires, il y en a 600,000 dont l'impôt n'excède pas cinq centimes par an. »

Les savants bonapartistes se joignaient aux sénateurs et aux députés ; l'un d'eux, M. Payen, disait : « La consommation inévitable du corps humain doit représenter par jour un kilo de pain et 286 grammes de viande sans os. C'est bien là au moins la moyenne de la consommation du peuple anglais et du peuple parisien. Eh bien, quelle est la moyenne de la consommation dans les campagnes ? 27 grammes de viande par jour ou le dixième de la ration normale. Quant au pain, on sait que la plupart des paysans ne mangent pas de pain de froment, mais ici du maïs, là du sarrasin, ailleurs des châtaignes, ou du sorgho, ou des fèves. »

Enfin, un vice-président de la Société des Agriculteurs de France, présidée par M. Drouin de Lhuys, M. d'Esterno, écrivait pour ce qui regardait son pays, le Morvan : « La nourriture d'un ouvrier agricole y est estimée 35 centimes par jour... La soupe au lard est la base de l'alimentation du paysan ; avec un kilo de lard, on fait 80 soupes... Le pain de seigle se cuit au Morvan tous les quinze jours : les derniers jours, une mousse verte, longue de quelques centimètres, couvre la surface de la miche, et le paysan, avant de l'entamer, se contente de faire dessus le signe de la croix avec son couteau... Au milieu des bois, le bûcheron casse en petits morceaux son pain tout noir et tout dur et, pour l'attendrir, le jette dans une ornière d'eau croupie... Les pauvres ne blutent pas la farine, le son reste dedans... La tenue du paysan est à peu près telle que Diderot l'avait observée. Les plus propres de la paroisse se lavent le samedi soir. Dans leurs maladies, ils reculent devant la dépense du médecin et du pharmacien, et meurent, faute de soins ou d'une bonne nourriture qui suffirait souvent pour les rétablir sans remèdes. etc. »

J'arrête là ces nombreuses citations, et je demande aux hommes de bonne foi si elles ne sont pas plus que suffisantes pour démontrer victorieusement à ceux qui sont les plus rebelles à la vérité que l'Empire fut sinistrement funeste aux intérêts de l'agriculture et des paysans.

Mais il importe que je poursuive jusqu'à la dernière clarté ma démonstration.

## VIII

C'est pourquoi, je prends un des volumes de l'*Enquête agricole de* 1867. J'ouvre et je compulse celui qui concerne les trois départements les plus riches, les moins déshérités du sol français, savoir : le *Nord*, l'*Aisne*, le *Pas-de-Calais*.

Assurément, les souffrances de ces trois départements devaient être moins vives, moins accentuées que celles des autres départements.

Eh bien ! voici les faits que j'ai recueillis dans cette enquête présidée et rédigée par M. Suin, conseiller d'Etat, voici l'étude à laquelle je me suis livré sur cette enquête.

Son président, M. Suin, daigne d'abord accorder que l'agriculture est affligée par « des plaies », « de la gêne », « des malaises », par ce que M. Suin appelle encore des « jours de crise ».

Mais il est un mot contre lequel M. Suin ne cesse de se dresser, c'est celui de *souffrance*.

M. Suin ne veut pas absolument du mot *souffrance*. « On exagère les *malaises*, dit M. Suin, quand on leur donne le nom de *souffrance*, et l'esprit de parti s'en empare pour en faire peser la responsabilité sur le gouvernement.

La preuve, dit plus loin M. Suin, que l'agriculture n'a pas éprouvé de *souffrances*, « c'est que très peu de personnes se sont présentées pour déposer, uniquement parce qu'elles n'avaient pas de *souffrances* à exposer. »

Eh bien, à M. Suin, j'oppose un autre président d'enquête, M. le baron Lafond de Saint-Mur. Ce député bonapartiste dit lui aussi, dans son enquête, qu'il s'est présenté peu de personnes pour déposer, mais par la raison contraire « qu'elles n'avaient pas foi dans l'efficacité de l'enquête et les bonnes dispositions du gouvernement à satisfaire les doléances même les mieux constatées de l'agriculture. »

Puis à M. Suin, j'oppose M. Suin lui-même. Dix fois dans son rapport le mot *souffrance* s'échappe de sa plume à propos des gênes des cultivateurs qu'il avoue naïvement.

D'ailleurs, M. Suin est en bonne compagnie. Car, sur « le petit nombre » des dépositions orales de l'Aisne, nous en relevons onze qui emploient le qualificatif de souffrances, et l'honorable M. de Tillancourt, député, commence ainsi lui-même l'exposé de ses plaintes : « Il y a *souffrance* dans *toutes* les branches de la production rurale et dans *tout* ce qui s'y rattache. Le propriétaire, le fermier, l'ouvrier, *tous* ont à se plaindre dans notre arrondissement. »

Ainsi donc, voilà qui est bien définitivement avéré. L'agriculture *souffrait* même dans les trois départements les moins éprouvés de la France. Maintenant, si on veut se faire une idée des *souffrances* agricoles de ces trois départements et apprécier approximativement celles des autres départements plus déshérités, il suffit d'analyser le rapport de M. Suin. Rien de plus éloquent que ce faisceau de plaintes et de vœux exprimés par les commissions officielles du sénateur Suin, par des bonapartistes du premier dégré qui ne peuvent être accusés « d'esprit de parti » et étaient reconnus pour être entre tous « sages et sincèrement attachés à leur pays ».

Rien d'aussi instructif et de plus profondément triste !

Sur les cinq arrondissements de l'Aisne, dit le sénateur Suin, quatre ont vu diminuer leur population. « J'observe avec regret, ajoute M. Suin, que les bras désertent l'agriculture et vont se mettre au service de l'industrie et du luxe des villes. » — Les contributions directes, dit M. Suin, ont augmenté ; elles montent aujourd'hui à près de 10 millions ; cette somme immense « pèse de tout son poids sur la propriété foncière et sur l'agriculture » — Les droits perçus par l'enregistrement et les domaines se sont aussi élevés ; ils coûtent 7 millions, presque autant que les contributions directes. M. Suin tonne contre ce lourd fardeau, contre cette loi fiscale qui « pèse en très majeure partie sur la propriété foncière ». — M. Suin constate « la merveilleuse action » des comices agricoles sur l'amélioration de l'agriculture. Mais il se garde bien de dire qu'ils étaient les bêtes noires du bonapartisme.

M. Suin déplore la direction qu'ont prise les capitaux de l'agriculture « par le développement de la fortune mobilière et la création de valeurs de toute nature, depuis les emprunts de l'État par voie de souscription nationale jusqu'aux actions, obligations de chemins de fer français et étrangers, emprunts des villes avec loteries, obligations du crédit foncier avec loteries, emprunts des États étrangers, jusqu'aux valeurs de toutes espèces cotées à la Bourse. Il n'y a pas de village où ces valeurs ne soient pas répandues ». Dans l'Aisne, les capitaux qui depuis *huit* ans « se sont dirigés vers les valeurs mobilières peuvent être hardiment chiffrés à plus de 100 millions. » — Les salaires ont plus que doublé dans l'Aisne et le Pas-de-Calais. Le personnel agricole a considérablement diminué. Les causes, c'est « une concurrence désastreuse faite à l'agriculture par l'industrie, l'augmentation de la petite culture, l'émigration vers les villes, l'instruction primaire dirigée dans un sens défavorable à l'agriculture, etc. »

M. Suin se décide ensuite, « avec regret, à dévoiler toute la vérité sur la démoralisation des ouvriers. » Lisons et admirons ce tableau des mœurs agricoles sous le bas-Empire :

«.. L'ouvrier agricole est moins travailleur, très insubordonné, et surtout infidèle dans l'accomplissement de ses engagements... A la moindre observation, sa réponse est toute faite : *Si vous n'êtes pas content, je m'en vais ailleurs*, et s'il est pris au mot, s'il part, les autres le suivent. On a fait cette remarque, surtout depuis la loi sur les coalitions... Il faut parler maintenant de ces mauvais lieux (les cabarets). Le mal dépasse toutes les bornes. On en compte jusqu'à 22 dans une commune de 500 âmes. Les cabaretiers ont fait de leurs maisons de véritables bouges ; il y a des chambres réservées pour recevoir les couples ; on y donne les consommations à prix réduit, même à perte, sauf à s'en dédommager plus tard, soit au jeu, soit quand l'ouvrier est ivre ; et cette ivresse est dangereuse, car elle est produite par la bière et l'alcool. Pour attirer les consommateurs, on a importé un nouveau divertissement d'Angleterre : c'est le combat des coqs dont les ergots sont armés d'éperons d'acier. Les petits cultivateurs eux-mêmes vont en foule avec les ouvriers, dans les cabarets où ont lieu ces combats, et l'on s'y livre à des paris ruineux... Une vache, un veau sont l'enjeu... Cette fièvre du jeu gagne même les corps d'état qui ne travaillent guère que quatre jours et demi par semaine... Un ouvrier a dépensé en une nuit 90 francs en vin de Champagne... Un cabaretier a une provision de 60 coqs chez lui pour donner plus souvent de ces divertissements et attirer ainsi la pratique... On peut se faire une idée de la progression du vice de l'ivrognerie par celle de la consommation. Les brasseries du Pas-de-Calais fabriquent 500,000 hectolitres de bière de plus qu'il y a dix ans, le pays a produit 85,000 hectolitres de cidre en 1866 au lieu de 7,510 en 1864. Nous ne parlons pas du vin que ce pays ne produit pas, mais dont la classe ouvrière ne se prive pas pour cela. » etc. etc.

« La mendicité parcourt les écarts, dit toujours M. Suin, les hameaux et surtout les fermes isolées, et il n'est pas toujours prudent de lui refuser. Il avait été organisé contre cette mendicité des comités cantonnaux qui fonctionnaient bien. Mais les préfets et sous-préfets ! ont voulu diriger l'emploi des fonds privés ; cette centralisation a mécontenté et les souscriptions se sont arrêtées, etc. » — « Une habitude tend à s'introduire dans la culture, c'est de ne plus nourrir des domestiques agricoles à la ferme, mais dans une cantine en dehors. »

« Les salaires de l'ouvrier sont doublés, » il est vrai, mais « sa famille abandonnée n'en profite en rien. »

« Les formalités dont la loi a entouré le prêt au drainage le rendent impossible à aborder. »

La loi sur les irrigations est insuffisante; il en faudrait une qui réglementât mieux les droits et les actions des intéressés ».

« La statistique signale que l'écart entre le bétail abattu et le bétail sur pied est la plupart du temps de 100 pour cent et plusieurs comices attribuent le résultat à un concert entre les bouchers. »

« La production des alcools a joué un rôle considérable dans le pays, mais ce rôle est passé : il faut se borner à distiller les mélasses ; il y a plutôt perte que profit pour toute autre opération (à cause des impôts). »

« Nous réclamons la rénovation du cadastre, la simplification de la procédure, l'étude de la question du prêt sur gage à domicile, l'application aux irrigations de la loi sur les associations syndicales, l'imprescriptibilité des chemins ruraux, l'obligation du livret sur les ouvriers, le rétablissement de la forme de voie parée, la mise dans le le droit commun du privilége dont jouit le Crédit foncier, la réglementation du glanage, la suppression de la vaine pâture, le retour à la loi de 1824 sur les échanges de parcelles, la réduction du droit de mutation, l'extension de l'impôt sur toutes les valeurs mobilières, la réduction de l'impôt sur les sucres, l'abaissement à 20 francs des droits sur les alcools employés au vinage, la réduction à 0,50 c. du droit de transcription sur les partages anticipés, la dénaturation des sels et la modification des formalités établies sur l'emploi du sel en agriculture, la modération des droits d'octroi, l'égalité de l'agriculture et de l'industrie devant l'Etat, la modération dans les travaux des grandes villes, la création d'une école supérieure d'agriculture semblable à l'institut de Versailles qui a été supprimé, etc. etc. »

« L'agriculture réclame ici comme ailleurs à grands cris la concession des chemins ruraux ; ce sont ses chemins à elle ; les autres appartiennent à tout le monde, et puisqu'on parle de ses souffrances, elle doit montrer cette lacune comme une plaie ».

L'émigration vers les villes est d'un dixième environ de la population ouvrière. »

« Le personnel agricole n'est plus même en rapport avec une culture ordinaire. »

« Le morcellement devient excessif et le sol tombe en poussière »

« Les comices protestent contre les droits de place que les cultivateurs paient sur les marchés des denrées agricoles, »

« Le cadastre n'existe plus aujourd'hui que pour induire en erreur. »

« Les distilleries qui étaient au nombre de 48 en 1858 (Pas-de-Calais) sont réduites à 26 en 1860 ; l'alcool de betterave est descendu de 150 fr. l'hectolitre à 50 francs ; à ce prix il n'est plus possible de le produire avec bénéfice. »

Les voies navigables ne rendent pas le service qu'elles devraient si elles étaient dans un état convenable. »

« On réclame l'exécution des mesures promises pour lutter contre l'invasion des produits voisins, l'abaissement des droits de toute nature, des tarifs et des impôts qui pèsent si lourdement sur la propriété et l'agriculture. » — « Les sucres indigènes ne peuvent lutter à armes égales contre les sucres étrangers depuis les nouveaux traités de commerce. »

— « Les graines oléagineuses rencontrent une concurrence redoutable dans l'importation des produits étrangers. »

« La charge des impôts est devenue EXCESSIVE »

Nous demandons « l'établissement d'un tarif pour les notaires, l'assimilation du cultivateur au commerçant pour les actions judiciaires, la réforme générale de la loi sur les boissons par la suppression de l'exercice. »

« Depuis dix ans seulement 500 millions se sont dirigés dans le département du Nord vers les valeurs mobilières cotées à la Bourse »

« L'administration fait tout pour faire renoncer les planteurs du Nord à la culture du tabac. »

« La lutte est impossible avec les sucres qui arrivent de Belgique et de Prusse. »

« Il faut achever au plus vite nos voies de communication, obtenir des compagnies de chemins de fer l'abaissement de leurs tarifs, supprimer les droits de navigation. »

« L'appel des jeunes soldats doit être fait dans un moment qui ne les enlève pas d'une manière inopportune aux travaux de la campagne. »

« Il faudrait une statistique exacte des produits agricoles ; la statistique officielle n'est pas toujours vraie. Les mercuriales officielles ne sont pas non plus conformes à la vérité. »

« La création d'un ministère spécial de l'agriculture est nécessaire. »

M. Suin et ses bureaucrates terminent enfin leur enquête en émettant « le vœu que parmi les représentants du gouvernement, devant le Corps législatif, il y en ait un de chargé de défendre les intérêts de l'agriculture.

« Des trois administrations qui composent le ministère de l'agriculture. les travaux publics sont représentés par deux conseillers d'Etat hors section.

« L'agriculture seule, la mère de toutes les autres industries, la nourricière de la France, est délaissée, mise à l'écart, non représentée, non défendue, soit dans le

Conseil d'Etat, soit devant le Corps législatif ou même devant le Sénat, il semble qu'on ait VOULU OUBLIER SON EXISTENCE, OU BIEN SA DIGNITÉ. »

## IX

Eh bien oui, le voilà lâché le grand mot, le vrai mot de la situation faite à l'agriculture et aux paysans sous l'Empire !

Pendant vingt ans d'Empire, on a voulu oublier l'existence de l'agriculture, on a foulé aux pieds sa dignité. Pendant vingt ans, l'agriculture a été pire que rien, elle n'a été comme je l'ai dit dans une récente brochure que « la vache à lait » des bonapartistes et de l'Empire.

Et c'est après ces vingt ans de mépris de l'agriculture, notre grande industrie nationale, l'industrie qui fournit à la France l'argent de ses budgets, les hommes de ses armées, c'est après ces vingt années de bas empire, de faux luxe et de corruption, que les agents de Chislehurst osent corner partout aux oreilles des paysans ce mot : l'Empire ! l'Empire !

L'Empire !

Les paysans savent en définitive ce que c'était que l'Empire.

L'Empire ! C'était le temps où les impôts montaient de 1,500,000,000 à 3 milliards, (non compris les impôts des communes) et où la dette seule de l'Etat s'élevait successivement de 8 milliards à 25 milliards.

L'Empire! C'était le temps où les paysans payaient 80 pour cent des charges publiques.

L'Empire !. C'était le temps où 5 millions d'agriculteurs émigraient des campagnes pour aller habiter dans les villes rendues moins inhospitalières par le régime Napoléonien.

L'Empire ! C'était le temps où la corruption publique et privée déshonorait la France devant l'Europe entière, où tous les scandales privés, politiques, économiques, financiers, policiers et administratifs faisaient présager la plus sanglante catastrophe.

L'Empire! c'était le temps où le paysan discrédité était tenu dans un avilissant esclavage, où le cultivateur n'était considéré que comme une matière électorale et une machine à impôts, où des hommes de proie et de joie, coureurs d'antichambre, de préfectures, de ministères, drainaient les sueurs et les épargnes du laboureur pour s'enrichir, jouir bruyamment, pompeusement de la vie, et faire danser les écus des campagnes dans les bals des Tuileries, les boudoirs, toutes les coulisses de Paris, devenue la Capoue, la Babylone, la Gomorrhe du XIXe siècle.

L'Empire, en un mot, c'était le règne de ces hommes qu'un grand et honnête citoyen, Berryer, appelait des forbans. Et Dieu sait si un forban s'est jamais préoccupé d'agriculture et de campagne autrement que pour y habiter un château!

---

## ERRATA

Page 4, ligne 15. — Au lieu de plantereuse ; lire : *plantureuse.*

Page 9. ligne 36. — Entre le mot : Empires et le mot bien; *une virgule.*

Page 10, ligne 32. — Au lieu de : par tête, par matelot; lire : *par tête et par matelot.*

Page 15, ligne 35. — Au lieu de : aux primes, aux serviteurs; lire : *aux primes aux serviteurs*

---

## PIÈCE JUSTIFICATIVE

### dont il est parlé à la page 7.

*Département de*
**MAINE-ET-LOIRE**
*Cabinet du Préfet*

Angers, le 2 juillet 1874,

Monsieur,

Vous m'avez adressé une demande à l'effet d'être autorisé à faire colporter une brochure intitulée : *Les Paysans et l'Empire.*

J'ai l'honneur de vous informer que je ne puis accorder à cette publication l'estampille du colportage.

Recevez, Mons:eur, l'assurance de ma considération distinguée.

*Le Préfet :* MERLET.